Giovanna Magi

ASSUAN
PHILAE · ABU SIMBEL

150 farbige Illustrationen

"Ägypten ist das Land, das der Nil mit seinen Wassern bedeckt; Ägypter sind diejenigen, die unterhalb der Stadt von Elephantine leben und das Wasser dieses Flusses trinken".

(Herodot)

Ein Blick auf den Nil mit der Villa des Aga Khan im Vordergrund.

ASSUAN

Geschichte

886 Kilometer von Kairo entfernt, am rechten Nilufer, liegt Assuan, das antike Syene.
Hier endet das Niltal mit seiner so ausgesprochen lieblichen Landschaft und hier endet ebenfalls Ägypten und beginnt Nubien. Hier finden wir keine bestellten Felder mehr entlang dem Fluß, sondern nicht enden wollende Kilometer Wüstensand und die stillen und mächtigen Wasser des Nasser-Sees. Auch der Nil selbst verändert sich; er fließt nicht mehr sanft und ruhig sondern schäumt an Stromschnellen und Strudeln zwischen den Felsen des 1. Katarakts.

Bis zum dritten Jahrtausend war dies ein Handelsplatz. Nubien, dessen antiker Name nub (nbw) « Gold » bedeutet, war immer schon ein Gebiet, das erobert und ausgebeutet wurde. Als Tor zu Schwarzafrika und der einzigen Verbindung zwischen dem Meer und dem Schwarzen Kontinent, lieferte Nubien nicht nur Gold an die Pharaonen, sondern auch die besten Soldaten, die wertvollsten Hölzer, das feinste Elfenbein, die würzigsten Kräuter und die schönsten Pfauenfedern. In den weit verbreiteten, ergiebigen Gruben wurde jener graue Granit abgebaut, der so häufig für religiöse ägyptische Bauten, für Obelisken, Kolosse und die Errichtung von Tempeln verwendet wurde: Syenit. Die

Die nördliche Spitze der Elephantine-Insel, hinter der Assuan liegt.

Feluken und Motorboote haben am rechten Ufer von Assuan angelegt; im Hintergrund links, der massive Turm des Hotels Assuan Oberoi.

Die elegante Corniche vom Fluß aus gesehen.

Vorkommen waren derart ergiebig, daß sie auch noch in römischer Zeit abgebaut wurden. Syene war sowohl für die Kontrolle über den Flußverkehr, als auch über die Karawanen, die aus der Wüste kamen, sehr bedeutend, weshalb die Pharaonen hier stets eine bewaffnete Garnison stationiert hatten und Syene zur Hauptstadt des Nomos des oberen Ägypten machten. Ursprünglich schnitt hier der Wendekreis des Krebses, der sich heute weiter südlich verlagert hat; dies beweist ein Brunnen, dessen gerade Wände nur am Tag der Sommersonnenwende von den Strahlen der Sonne beschienen wurden, ohne Schatten zu werfen. Auf diese Weise errechnete der griechische Wissenschaftler Eratosthenes (mit kleinen Fehlern) den Längenkreis und kam zu dem Schluß, daß die Erde rund sei.

Vom Hochmittelalter an fiel die Stadt zuerst den Angriffen der Blemyae, die aus Äthiopien kamen und dann einer heftigen Pestepedemie zum Opfer. Nachdem die Einwohner nach und nach die Stadt verließen, konnte sie sich erst nach der türkischen Eroberung Ägyptens erholen. Der heutige Name geht auf das altägyptische « swenet » zurück, was « Handel » bedeutet, zum koptischen « suen » und dann schließlich zu Assuan wurde.

Assuan ist heute, abgesehen von seinen geschichtlichen und archäologischen Sehenswürdigkeiten auch wegen seines milden Klimas, vor allem im Winter sehr beliebt. An den Flußufern sind sehr elegante und luxuriöse Hotels entstanden; zahlreiche Schiffe für Kreuzfahrten auf dem Nil legen hier für einige Tage an, um dem ständig anwachsenden Touristenstrom die Besichtigung der wunderschönen Umgebung zu ermöglichen; und schließlich ist Assuan Ausgangspunkt für Ausflüge nach Abu Simbel, dem Juwel der Wüste. Wenn es Abend wird, wird Assuan plötzlich wie in ein violettes Licht getaucht, während die Feluken mit ihren großen Segeln, die weiße Punkte auf den Fluß zeichnen, lautlos über das Wasser gleiten. Nirgends in Ägypten findet man ein derartiges Licht und eine Stille, so wie in Assuan.

Farbenprächtige Baumwolle, getriebenes Kupfer, Wasserpfeifen, Gewürze, und Rosellaeibisch gehören zu den charakteristischsten Waren dieses Markts.

DER BAZAR — Der Bazar von Assuan wird in Atmosphäre und Reiz nur von dem in Kairo übertroffen.

Parallel zur Corniche — der Promenade entlang dem Nil, die von hohen Bäumen, besät mit roten Hibiskusblüten beschattet wird — schlängelt sich der Bazar über die engen Straßen der Altstadt. Hier meint man dann wirklich, in Afrika zu sein: Die hohen Körbe auf dem Boden sind voll mit exotischen Kräutern und farbigen Pulvern, die einladend sind: Rosellaeibisch, Henna, Saffran-Blütenstempel, Curry, roter Pfeffer und dunkle Pfefferminzteeblätter. Außerdem finden wir: Waren aus geflochtenem Korb, Ebenholz und Elfenbein. Überall ein Gewühl von dunkelhäutigen Menschen (die Nubier sind größer, schlanker und dunkler als die übrigen Ägypter), die lange, weiße, wehende Gewänder tragen.

Feluken auf dem Nil: ein schwacher Windhauch genügt schon, um sie sanft über das Wasser gleiten zu lassen.

Die südliche Spitze der Elephantine und im Zentrum die Anlage des Club Méditerranée.

ELEPHANTINE-INSEL

Wenn im antiken Syene die ergiebigen Granitgruben abgebaut wurden, so war es die Elephantine-Insel, wo der Großteil des Handels stattfand; hier hatte der Gouverneur der Provinz seinen Sitz und hier wurde der Gott Khnum, der einen Widderkopf hatte, verehrt. Ursprünglich lautete der Name der Insel Yebu, das ägyptische Wort für « Elefant »; die Griechen übersetzten es in Elefanta, denn die Insel war wahrscheinlich der Umschlagplatz für das Elfenbein aus Afrika. Die Insel ist 1.500 Meter lang und 500 Meter breit und umfaßt außer dem Museum von Assuan und dem archäologischen Ausgrabungsgebiet von Yebu zwei typisch nubische Dörfer und das große Hotel Assuan Oberoi.

Man erreicht die Insel, indem man unter riesigen Felsen hindurchfährt, die mit Sgraffitomalereien und Inschriften, die hauptsächlich auf die XVIII. Dynastie (Thot-Mosis III. und Amon-Ofis III.) zurückgehen, sowie auf die XXVI. Dynastie (Psammeticos II.) bis man zu einer kleinen Mole gelangt, die mit dem Baumaterial von Gebäuden aus dem Neuen Reich angelegt wurde.

Der archäologische Komplex des antiken Yebu auf der Elephantine-Insel.

Elefanten aus Fels, Inschriften in Hieroglyphen, die die Reisenden der Antike hinterließen.

Das Wasser des Flusses hat den Fels ausgewaschen und ihn in eine Gruppe Elefanten verwandelt.

Die Elephantine-Insel in einer Zeichnung von David Roberts.

Das Äußere des Museums von Assuan,
vom Fluß aus gesehen.

Unterhalb der Veranda des Museums befinden sich
interessante Granitsarkophage.

Der Sarkophag der Ehefrau eines Priesters und
ein Detail der Mumie des heiligen Widders.

MUSEUM VON ASSUAN — Seit 1912 hat dieses kleine Museum seinen Sitz in der Villa von William Wellicocks, einem englischen Ingenieur, der für die Pläne des alten Staudamms von Assuan verantwortlich war. Es hat die einladende und gemütliche Atmosphäre eines Hauses im Kolonialstil, mit einer offenen Veranda zum Garten und vielen Pflanzen und Blumen, die auf dem Besitz wachsen.
Die Funde, die hier zu sehen sind, stammen von den Ausgrabungen in Assuan und aus anderen Ortschaften von Unter-Nubien. Besonders interessant ist die *Mumie des heiligen Widders* in einem vergoldeten Sarkophag, sie geht auf die Jahre 305-30 v. Chr. zurück und wurde in einem Grab direkt hinter dem Museumsgebäude gefunden. Khnum galt als Schöpfer des Menschen und da er den ersten Menschen aus dem Ton einer Vase geschaffen haben soll, wurde er ebenso als Schutzherr der Töpfer verehrt. In Assuan gehörte er zu Anukis, der Göttin der Insel Sehel und zu Satis, der Göttin der Elephantine-Insel, die zusammen als Dreigestirn verehrt wurden. In der Antike glaubte man, Khnum würde in einer nahegelegenen Höhle leben, wo er das Hochwasser versteckt hielt, das regelmäßig die Insel überschwemmte. Sehenswert ist auch eine *Schminktafel aus Schiefer*, die in einer Vetrine im ersten Saal aufbewahrt wird; ungewöhnlich ist die Tatsache, daß sie die Form eines Rhinozeros hat, ein Tier, das damals in Ägypten unbekannt war.

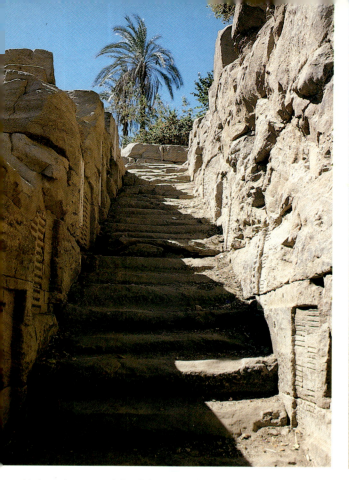

Links, oben, zwei Ansichten des Nilpegels: Man sieht deutlich die Treppe, die direkt in den Fluß führte und über der sich heute das Assuan Museum befindet. Wenn das Wasser des Flusses an dieser Treppe anstieg, konnte man den Wasserstand an den Gradeinteilungen, die in die Wand geritzt waren und auch heute noch zu sehen sind, ablesen.

Einige Überreste des großen Tempels des Khnum.

NILPEGEL — « . . . es gibt Anzeichen, mit denen man den Stand des Wassers zur Bewässerung messen kann. Die Bauern nutzen sie, um den Zulauf des Wassers zu messen, die Verwalter hingegen stellen so die Steuereinnahmen fest, denn zusammen mit dem Wasserpegel wachsen auch die Steuern an. » So schrieb Strabo in bezug auf den Nilpegel, eine Treppe mit neunzig Stufen, die in den Fluß führten und ermöglichten, im Voraus, dank eines Maßes mit Graden, die in die Wände geritzt waren, das Datum und die Ausmaße des Hochwassers abzulesen. Die Inschriften sind auf Griechisch (später wurde ein Maß mit arabischen Einheiten hinzugefügt) und berichten von berühmten Überschwemmungen von der Zeit Augustus' bis zu Septimius Severus.

ANTIKES YEBU — Fährt man über den Nilpegel hinaus, so gelangt man zu den Überresten der antiken Stadt Yebu. Das bedeutendste Gebäude ist der

Tempel, der Khnum geweiht ist, er wurde in der XXX. Dynastie unter Nectanebis II. begonnen und zur Zeit der Ptolemäer und Römer vollendet. Der Tempel besteht aus einem Hof, hinter dem sich die Säulenhalle und das Heiligtum befinden. Außerdem finden wir ein großes Portal aus Granit mit den Schriftrollen Alexander Aegos und ein Naos, ebenfalls aus grauem Granit mit Pharao Nectanebis II., der Khnum anbetet.

In der Nähe dieses Tempels fand man den **kleinen Tempel von Heqa-ib**, einem Herrscher Ende des Alten Reichs. Seine Nachfolger ließen ihm diesen Tempel errichten, bestehend aus einem Hof, der von Naos-Kapellen umgeben ist, in denen sich jeweils eine Statue des Heqa-ib befand. Begeben wir uns weiter zur südlichsten Spitze der Insel, finden wir eine weitere **Kapelle aus ptolemäischer Zeit**, die unter Verwendung des Baumaterials von Kalabsha wiederaufgebaut wurde, zur Zeit als man den Tempel von Kalabsha niederriß.

Einige Ansichten der nubischen Dörfer, mit den charakteristischen, bunten Türen. Die Einwohner sind höflich und herzlich und verweilen gern, um sich mit den Touristen zu unterhalten. Rechts ein typisches Wassergefäß. Das Wasser bleibt über viele Stunden kühl.

NUBISCHE DÖRFER — Drei nubische Dörfer, umgeben vom Grün der Palmen der Elephantine-Insel, führen uns — ganz überraschend — in eine andere Welt. Die freundlichen Einwohner bieten den Besuchern immer gern einen aromatischen Pfefferminztee an. Die Häuser sind in leuchtendem Grün, Blau und Gelb gestrichen. An den Außenmauern sieht man häufig den Kubus von Mekka, die heilige Khaaba gemalt; dies bedeutet, daß der Besitzer des Hauses eine Pilgerfahrt in die heilige Stadt Mekka unternommen hat. Manchmal wurde auch das benutzte Verkehrsmittel hinzugemalt, ein Flugzeug, ein Schiff, ein Auto. . .

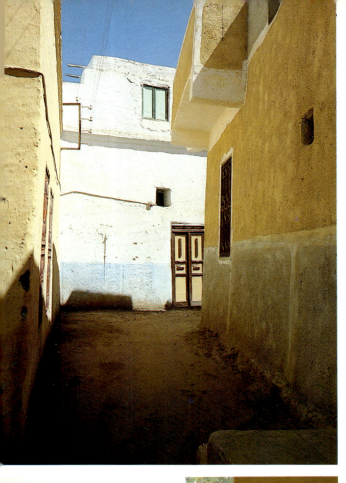

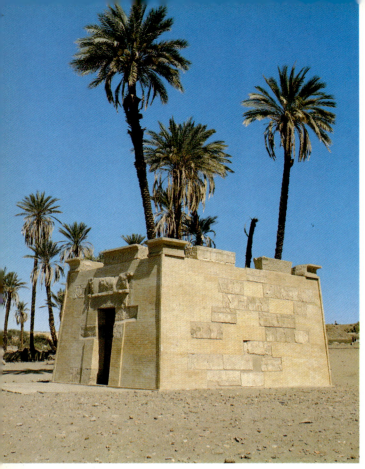

Die ptolemäische Kapelle, die mit dem Baumaterial aus Kalabsha wieder aufgebaut wurde und ein Detail der Verzierungen im Innern.

Zwei eindrucksvolle Ansichten des Nils: oben, das Mausoleum des Aga Khan und unten der Club Méditerranée.

Auf den folgenden Seiten:

Das berühmte Hotel Old Cataract, im Kolonialstil; innen versetzen einen die großen Ventilatoren mit den Holzflügeln, die Kellner in Uniform mit rotem Fez, die dicken Teppiche und antiken Möbel in ein anderes Jahrhundert. Das Äußere des Hotels ist in dem Film « Mord auf dem Nil » nach dem berühmten Krimi von Agatha Christie zu sehen.

Die unverwechselbare Silhouette des Mausoleums des Aga Khan hebt sich deutlich gegen den Himmel bei Sonnenuntergang ab.

Sonnenuntergang auf dem Nil.

KITCHENER INSEL

Nördlich der Elephantine liegt die Insel der Bäume, besser bekannt unter dem Namen Kitchener. Lord Horatio Kitchener war ein englischer General, der sich 1898 im Sudan bei dem Sieg über das Heer von Mahadi verdient machte. Er war Generalkonsul in Ägypten und verliebte sich in diese Insel inmitten des Nil, wo er seiner Leidenschaft für exotische Blumen und Pflanzen ungehindert nachkommen konnte. In diesem herrlichen botanischen Garten finden wir die seltensten Exemplare aus Afrika und Asien; es ist ein Zusammenspiel von Farben und Düften, die uns bei unserem Spaziergang auf den schattigen Wegen begleiten. Bougainvillae und Poinsettie, Hibisken und Klematis, Mango— und Maulbeerfeigenbäume; zarte und intensive Düfte; Farben, die vom kräftigen Rot bis zu rosa Pastelltönen reichen. Auch die Vögel lieben diesen zauberhaften Ort; wir sehen sie ganz ungestört zwischen Büschen und Sträuchern. Im südlichen Teil der Insel, unterhalb einer schönen Terrasse, wo man in aller Ruhe einen Schluck Rosellaeibisch trinken kann, wurde eine winzigkleine Bucht angelegt, die von weißen Enten bevölkert wird.

Drei Bilder der reichen Vegetation der Kitchener-Insel.

Der feine rosa Sandstein, aus dem das Mausoleum gebaut wurde hebt sich von dem Grün der Palmen und den Stufen darunter ab.

Feluken auf dem Nil.

Auf den folgenden Seiten: der Eingang zum Mausoleum des Aga Khan und die blaue Wasserfläche mit den weißen Segeln der Feluken.

MAUSOLEUM DES AGA KHAN

1957 starb Aga Khan Mohammed Shah, der geistige Vater der moslemischen Sekte der Ismaeliten. Diese Gemeinschaft, die ihr Zentrum in Indien hat, besteht aus zirka vier Million Anhängern, die über die ganze Welt verstreut sind.

Der unermeßlich reiche Aga Khan (dessen Gewicht an seinem fünfzigsten Geburtstag mit Diamanten aufgewogen wurde) verbrachte einen Teil des Winters in dieser Villa am linken Nilufer. Gemäß seinem testamentarischen Wunsch wurde er zwei Jahre nach seinem Tod in einem Mausoleum beigesetzt, das oberhalb der weißen Villa errichtet wurde, in der heute noch seine Witwe, die Begum lebt. Das Mausoleum wurde aus rosa Sandstein gebaut, in Anlehnung an die Moschee von El-Guyushi in Kairo im schlichten fatimischen Stil. Im Innern befindet sich das Grabmal aus weißem Carrara-Marmor, in dessen Seitenteile Abschnitte aus dem Koran eingemeißelt wurden; sie sind so fein und schön, daß sie wie Stickerei wirken. Seit der Beisetzung wird jeden Tag eine frische rote Rose auf das Grab gelegt.

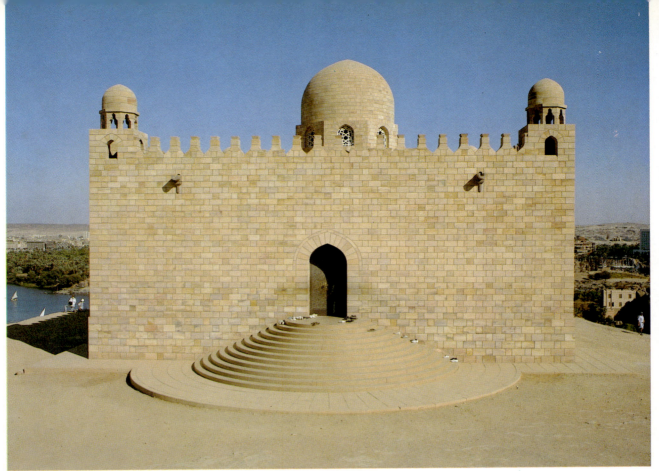

Das beliebteste und charakteristischste
Transportmittel zum Kloster des Hl. Simeon ist
immer noch das Kamel.

Gesamtansicht des Deir Amba Samaan, des
befestigten Klosters des Hl. Simeon.

KLOSTER DES HL. SIMEON

Früher einmal erstreckten sich in diesem kleinen Tal
bestellte Felder, die bis zum Nil hinabreichten. Heute bildet die Wüste in ihrer herben Schönheit den
Hintergrund zu den eindrucksvollen Ruinen dieses
Klosters, einer regelrechten Festung.
Das Deir Amba Samaan (so heißt es auf Arabisch)
ist eins der größten und besterhaltenen koptischen
Klöster in Ägypten. Es wurde zwischen dem 6. und
8. Jh. anläßlich des Todes des Bischofs Hadra erbaut. Bis zu dreihundert Mönche konnten hier leben
und viele hundert Pilger aufnehmen. Das Kloster er-
füllte fast fünfhundert Jahre lang seinen Zweck, bis
es 1321 von den Arabern zerstört wurde, die zahlreiche Mönche töteten und die übrigen davonjagden.
Es wird von einer Mauer aus Steinen und unbehaue-
nen Ziegeln umgeben und von zwei Türmen flan-
kiert, die 10 Meter hoch sind und dem Bau einen
mächtigen und ehrwürdigen Ausdruck verleihen,
der Respekt und Furcht einflößt.
Im Innern war das Kloster wie eine kleine Miniatur-
stadt angelegt: auf der ersten Ebene befindet sich
die dreischiffige Kirche mit Apsis mit drei Kapellen,
in denen man noch Spuren von Fresken vom allmächtigen Christus mit vier sitzenden Heiligen
sieht; über jedem einzelnen ist ein Buchstabe aus
dem koptischen Alphabet gemalt. Über eine Treppe

Die Kapelle der Kirche mit den drei Nischen; in der mittleren Nische das Fresko des allmächtigen Christus.

Der lange Gang, von dem die Zellen der Mönche abgehen und ein Blick auf die gewaltige Befestigungsmauer.

gelangt man zur zweiten Ebene, wo sich das eigentliche Kloster befindet; von einem langen Gang gehen die Mönchszellen und die Wirtschaftsräume der Gemeinschaft ab, wie zum Beispiel die Küche, die Backstube, der Weinkeller und andere.

Steigen wir auf die Mauern hinauf, so entfaltet sich vor uns die Wüste in ihrer ganzen Pracht: nur Sand, soweit man blickt und einige Kamele, die langsam die Touristen hierher befördern. Am Ende des Tals dann, in einem scharfen Kontrast, sieht man das Wasser des Nil, das sich blau spiegelt, mit Assuan und den weißen Feluken, die träge, halb von Palmen verdeckt warten. Es ist besonders schön, wenn man das Kloster bei Sonnenuntergang besucht, wenn die Ruinen sich rötlich färben und fast mit der Farbe des Sandes vermischen, aus dem sie so ganz wundersam auftauchen.

Die Nekropole von Assuan, am linken Nilufer, ist bei Nacht besonders eindrucksvoll.

Der « Gipfel der Winde » (Qubbet el Hawa), in den die 40 Grufte der Herrscher von Elephantine gegraben wurden.

NEKROPOLE DER HERRSCHER

Das rechte Nilufer wird von dem Hügel Quebett el Hawa (Gipfel der Winde) überragt, auf dem sich ein niedergerissenes Tempelchen befindet; von hier hat man eine einzigartige Aussicht: Assuan, die Felsmassen, die den ersten Katarakt bilden und die Wüste darum herum. Genau unter uns finden wird die zirka vierzig Gräber der Nekropole der Herrscher von Elephantine.

Während die letzten Pharaos des Alten Reichs herrschten, ließen hiesige Würdenträger ihre Grabstätten in den Fels graben; man gelangt zu den Gräbern über eine steile Treppe, auf der auch die Sarkophage transportiert wurden. Die Anlage der Gräber ist in der Regel sehr schematisch: ein viereckiger Raum gestützt von Pfeilern, die Kapelle und die Grabkammer selbst. Auch die Verzierungen sind äußerst schlicht und bestehen ausschließlich aus Malereien, da der Kalkstein, aus dem die Grabstätten gefertigt waren keine Flachreliefs ermöglichte.

Die Treppe, die zu den Gräbern führt.

Über diese überhängende Rampe auf den Nil
wurden die Sarkophage der verstorbenen Herrscher
gehievt.

Das Äußere des Grabes des Heqa-ib, vor das ein großer Hof mit zwei hohen, konischen Pfeilern gesetzt wurde.

Malereien im Innern des Grabes des Heqa-ib mit Jagd— und Fischfangszenen.

Grab des Heqa-ib. — Dieses Grab gehörte Heqa-ib und wurde 1947 entdeckt; bis auf die Tatsache, daß er zu Ende des Alten Reichs, in der VI. Dynastie Gouverneur auf Elephantine war, wissen wir nichts von diesem Würdenträger. Erst nach seinem Tod wurde seiner Beliebtheit Ausdruck verliehen, indem man ihn vergöttlichte, aus einem für uns unbekannten Grund, und ihm zu Ehren der kleine Tempel auf der Elephantine-Insel, den wir bereits gesehen haben in der Nähe des Tempels des Khnum errichtet wurde. Das Grab ist nicht sehr groß und hat auch keine nennenswerten Verzierungen. Bei seiner Entdeckung jedoch fand man im Hof zirka sechzig Stelen, die Heqa-ib gewidmet waren.

Gräber von Mekhu und Sabni — Diese Gräber befinden sich am südlichen Ende der Nekropole und waren miteinander verbunden, denn die Besitzer waren Vater und Sohn. Mekhu, der « Erbprinz » und « Einzige Freund » hatte sich zur Zeit der VI. Dynastie südlich des zweiten Katarakts vorgewagt und war auf der Reise gestorben. Sohn Sabni, so können wir an den Seiten der Eingangstür zum zweiten Grab lesen, organisierte eine Expedition, um die Leiche des Vaters zu finden und in die Heimat zurückzubringen, wo er eine prunkvolle Beisetzung veranstaltete und extra zu diesem Zweck berühmte Einbalsamierer kommen ließ, die den Vater mumifizierten.

Das Grab Mekhus verfügt über einen großen Raum mit sechs Säulen in drei Reihen. In der Mitte, zwischen zwei Pfeilern, befindet sich ein Granitblock für Opfergaben; man sieht eingeritzte Symbole für das Brot und die Ablaufrinnen für die Trankopfer. Das Grab Sabnis ist durch zwölf Pfeiler in zwei Reihen unterteilt und mit Jagd— und Fischereiszenen verziert.

Weitere Fresken mit Jagd— und Fischfangszenen im Grab des Heqa-ib.

Das Äußere des Grabes von Mekhu und Sabni.

Fresken mit Opfer— und Jagdszenen im Innern des Grabes.

Das Äußere des Grabes von Sirenput I. und ein Teil des mit Hieroglyphen verzierten Bootes.

Zwei Bilder der Verzierungen im Innern des Grabes.

Grab von Sirenput I. — Von diesem Grab, in dem der Sohn von Sat-Seni, Herrscher der XII. Dynastie zur Zeit von Amon-Amhat II. beigesetzt wurde, gibt es leider nur noch wenige Überreste, die davon zeugen könnten, daß dies das größte und am reichsten verzierte Grab der gesamten Nekropole war. Wir finden jedoch noch Teile der abgrenzenden Mauern und des Eingangsportals aus Kalkstein mit schönen Flachreliefs, die den verstorbenen Herrscher darstellen, den « Obersten der Propheten von Satis ». Die Fassade ist mit einem Portikus mit sechs Pfeilern versehen. Das Innere bestand ursprünglich aus einem Raum mit vier Pfeilern, der wahrscheinlich mit aufwendigen Malereien verziert war, die heute leider nur noch schwer beschädigt zu sehen sind. Die dargestellten Szenen bezogen sich auf das tägliche Leben und die Seefahrt.

Das Äußere und das Innere des Grabes von Sirenput II.; in der hinteren Kapelle ehrt der Sohn seinen Vater vor einem gedeckten Tisch; an den beiden Seiten: der Herrscher mit seiner Frau.

Grab von Sirenput II. — Dieses Grab — eins der am besten erhaltenen — gehörte dem « Obersten der Propheten des Khnum », zur Zeit der XII. Dynastie. Es bestand aus einem Raum mit sechs Pfeilern, einer Galerie mit sechs Nischen an den Seiten, in denen jeweils eine mumienförmige Statue des Verstorbenen stand sowie einem zweiten viereckigen Raum mit vier Pfeilern, von denen jeder mit wunderschö-nen Darstellungen Sirenputs verziert war. Schließlich folgt weiter hinten die bemalte Kapelle: Wir sehen den Herrscher, dem sein kleiner Sohn vor einem gedeckten Tisch huldigt. Auf dem Tisch stehen Brote, Süßspeisen, Obst, sogar eine Ente und Weintrauben. Die angrenzende Wand ist mit dem Bild der Frau Sirenputs verziert; sie war die Priesterin von Hathor und sitzt ebenfalls vor dem gedeckten Tisch.

Der enorme unvollendete Obelisk und ein
Detail der Löcher, die die Keile beim Granitabbau
hinterlassen haben.

UNVOLLENDETER OBELISK

Wäre dieser Obelisk jemals fertiggestellt worden, so hätte er sicher einen Eintrag ins Guinness-Buch der Rekorde verdient: Er sollte nämlich über 41 Meter hoch werden, mit einer Basis von vier Metern und einem Gesamtgewicht von 1.267 Tonnen! Dies vereitelte jedoch ein Sprung im Granit, vielleicht verursacht durch einen Erdstoß oder die mindere Qualität des Steins. Die Arbeiten mußten unterbrochen werden und wir sehen den Obelisk so, wie er damals belassen worden war: auf dem Boden liegend, zurückgelassen, in der Nähe der Granitbrüche, die uns die wertvollen Hinweise über die Steinschneidetechnik der antiken Ägypter lieferten. Die antiken Brüche von Assuan erstreckten sich einst vom Nil über eine Fläche von mehr als sechs Kilometern aus.

Dieser Stein wurde von den Ägyptern mit Vorliebe für die Verkleidung der Pyramiden verwendet und da die Vorkommen so nah am Fluß lagen, war es einfach, den Stein flußaufwärts auf Booten zu transportieren.

Aufgrund der regelmäßigen Schnitte auf dem Felsblock können wir uns vorstellen, wie die Blöcke abgebaut wurden. In diese Furchen, die die abzubauende Oberfläche kennzeichneten, wurden Holzkeile getrieben, die man naß machte. Das Holz dehnte sich nun soweit aus, daß der Keil platzte und den Fels in der gewünschten Richtung sprengte. So erhielt man beinahe glatte Oberflächen, die nun poliert werden konnten.

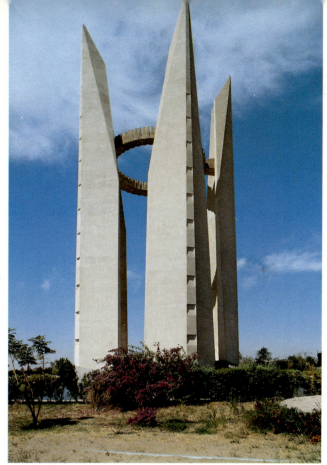

GROSSER STAUDAMM

Zirka fünf Kilometer südlich der Stadt wird der Lauf des Nil durch den Alten Assuan-Staudamm (Es-Saad, der Damm) unterbrochen. Die Engländer errichteten zwischen 1898 und 1902 den Damm mit einer anfänglichen Höhe von 30,5 Metern und einer Stauungskapazität von einer Milliarde Kubikmetern. Schon bald jedoch erwies sich diese Kapazität als unzureichend und der Damm wurde in zwei Phasen (von 1907 bis 1912 und von 1929 bis 1934) auf seine heutige Größe gebracht: 41,5 Meter Höhe und fünf Milliarden Kubikmeter Stauungskapazität. Dies jedoch entsprach immer noch nicht den tatsächlichen Erfordernissen Ägyptens. Das Problem Ägyptens läßt sich in zwei Zahlen ausdrücken: 900.000 Quadratkilometer Oberfläche, von denen nur 38.000 nutzbar sind, wenig mehr als 4%. Mit einem

Das moderne Denkmal, bevor man zum Großen Damm gelangt; es soll an den großen Einsatz der Beteiligten an diesem wahrhaft pharaonischen Werk erinnern: seine Form gleicht einer stilisierten Lotusblüte.

Ein Bild von Saad el-Aali, dem Großen Damm; er ist 3.600 Meter lang und 30 Meter hoch. Von einigen Stellen aus hat man einen Blick auf die riesigen hydroelektrischen Turbinen unterhalb des Nasser-Stausees.

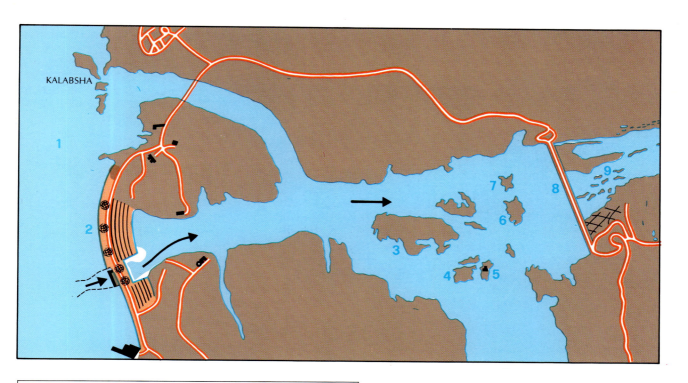

KOMPLEX DER BEIDEN DÄMME VON ASSUAN

1 NASSER-SEE
2 GROSSER DAMM (SAAD EL-AALI)
3 EL-HASA-INSEL
4 BIGA-INSEL
5 PHILAE-INSEL

6 AGILKIA-INSEL
7 KONOSSO-INSEL
8 ALTER DAMM (ES SAAD)
9 ERSTER KATARAKT

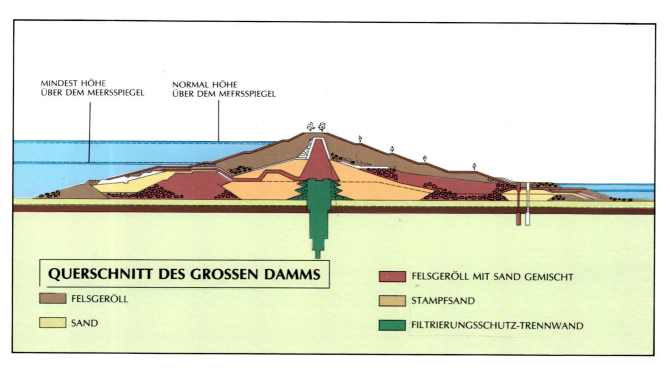

MINDEST HÖHE
ÜBER DEM MEERSSPIEGEL

NORMAL HÖHE
ÜBER DEM MEERSSPIEGEL

QUERSCHNITT DES GROSSEN DAMMS

FELSGERÖLL

SAND

FELSGERÖLL MIT SAND GEMISCHT

STAMPFSAND

FILTRIERUNGSSCHUTZ-TRENNWAND

neuen Staudamm hätte man nicht nur eine größere Fläche nutzbar gemacht, sondern auch eine Bewässerungsmöglichkeit geschaffen und die jährliche Elektrizitätsproduktion erhöht. So beschloß man den Bau eines neuen Damms am Fluß, der « Barriere gegen den Hunger » genannt wurde; ein neuer Staudamm, so sagte Nasser, der « Ägypten den Weg ins moderne Zeitalter ebnen würde ».

Der große Damm (Saad el-Aali) befindet sich zirka acht Kilometer stromaufwärts vom Alten Damm. Die Sowjetunion wurde mit der Erarbeitung der Pläne beauftragt und im Januar 1960 begann man mit den Arbeiten. Am 14. Mai 1964 wurde der Nil in einen Seitenkanal umgeleitet und 1972 war das Werk von wahrhaft pharaonischen Ausmaßen vollendet. Der See, der sich so bildete, der Nasser-See, ist 500 Kilometer lang (davon liegen 150 auf sudanischem Gebiet) und hat eine Stauungskapazität von gut 157 Milliarden Kubikmetern; nur der Kariba-Stausee am Zambesi ist noch größer.

Mit der Schaffung dieses künstlichen Sees ging natürlich eine radikale Veränderung von Landschaft und Umwelt einher. Zuersteinmal mußten die zahlreichen nubischen Dörfer, die sich auf dem Gebiet befanden, evakuiert werden. Dann mußte man sich um das dramatische Schicksal all der bedeutenden archäologischen Stätten Nubiens kümmern, die für ewig unter der Wasseroberfläche verschwunden wären. Da wurde man sich bewußt, daß eine wirtschaftliche Verbesserung Ägyptens auf Kosten der Erhaltung der archäologischen Schätze gegangen wäre. Die UNESCO hörte den Appell Ägyptens und des Sudan und begann mit einer enormen Sammelaktion, um die bedrohten Tempel zu retten.

Keiner der vierzehn gefährdeten Tempel konnte an seinem ursprünglichen Standort bleiben; sie wurden abgebaut und originalgetreu wiederaufgebaut.

Darunter war auch der Tempel von Kalabsha, der vom großen Damm aus gut zu sehen ist; einer der schönsten und besterhaltenen Tempel.

Blicken wir vom Assuan-Damm auf den Nasser-See, so können wir rechts den Tempel von Kalabsha ausmachen, einer der schönsten Nubiens. Als der Tempel beim Bau des Großen Damms vom Wasser des Sees bedroht wurde, baute man ihn an seinem ursprünglichen Standort ab und eine deutsche Gruppe von Archäologen errichtete den Tempel hier. Leider ist er heute nur mit einem kleinen Ruderboot erreichbar, was wirklich schade ist, denn die Schönheit und Ausstrahlungskraft des Tempels von Kalabsha verdient eine bessere Anfahrt.

*Der Pylon des Tempels von Kalabsha
oder von Mandulis.*

KALABSHA

Kalabsha, das antike Talmis, war die bedeutendste Stadt des Dodekaskoinos (« Land der zwölf Meilen ») und befand sich zirka 40 Kilometer südlich seines heutigen Standorts. Hier verehrte man den Gott Mandulis — sein Kopf war mit einem aufwendigen Diadem bekrönt — den die Ägypter mit Horus identifizierten. Dieser lokalen Gottheit war ein Heiligtum geweiht, das in Bedeutung und Größe nur dem von Abu Simbel nachsteht. Die englische Schriftstellerin Amelia Edwards nannte es das « Karnak Nubiens »; es ist 71 Meter lang und 35 Meter breit und ein sogenannter Allerheiligstes-Tempel. Er wurde an der Stelle eines Vorgängerbaus aus der Zeit von Amon-Ofis II. errichtet. Er umfaßt einen Pylon, einen Hof, einen Pronaos und einen Naos, letzterer bestand aus drei ineinandergehenden Räumen. Der Pylon ist 41 Meter hoch; man kann bis in die Spitze steigen und die herrliche Aussicht auf den großen Damm und den Nasser-See genießen. Hinter dem Pylon befindet sich der gepflasterte Hof; er ist zirka zwanzig Meter lang und wurde von den Gläubigen bei hohen Festlichkeiten benutzt. Er ist auf drei Seiten von einem Portikus aus Säulen umgeben, die bei einem Erdbeben einstürzten und teilweise beim Wiederaufbau des Tempels zusammengesetzt wurden. Es folgt der Pronaos, der über zwölf Säulen mit glockenförmigen Kapitellen verfügte. Die Fassade ist mit zahlreichen Inschriften versehen: eine davon berichtet auf Griechisch, daß Silco, König von Äthiopien mitte des 6. Jh. gekommen war, um Talmis zu zerstören, da dies von seinen Feinden bewohnt war. Eine weitere In-

Die Fassade der Säulenhalle von oben und von vorne gesehen, mit ihren Säulen, die glockenförmige Kapitelle tragen und mit Verbindungsmauern verschlossen sind, deren Verzierungen leider unvollständig sind.

Zwei Verzierungen im Tempel, die Horus und Mandulis darstellen.

schrift, ebenfalls auf Griechisch, erinnert an das Dekret, das der Gouverneur Aurelius Besarion um das Jahr 250 erlassen hatte; er befahl, aus religiösen Gründen, innerhalb von 15 Tagen sämtliche Schweinehirten und ihre Tiere vom Tempel zu entfernen. Das Innere des Pronaos ist mit Darstellungen von Mandulis, Thot, Horus usw. verziert. Bis zum späten 19. Jh. waren diese Verzierungen noch in ihrer ursprünglichen Farbe zu sehen. Heute jedoch ist jede Spur von ihnen verlorengegangen und wir sind auf die Beschreibungen und Zeichnungen der Reisenden von damals angewiesen, die das große Glück hatten, die Malereien noch zu sehen und abzuzeichnen. Auf den Pronaos folgen die drei Räume, die den Naos bilden und deren von Säulen gestützte Decke zunehmend niedriger wird. In der Cella, in der die Statue des Mandulis stand, sind heute

noch interessante Verzierungen zu sehen, die sich durch eine unbeschwerte Ausführung auszeichnen. Von den beiden Mauern, die den Tempel ursprünglich umgaben, ist nur noch die erste, aus Stein erhalten; zwischen ihr und der Tempelmauer wurde eine Art großer runder Gang geschaffen, in dem sich auch ein Nilpegel befand. Weiter an der Außenmauer, im Westen, kann man ein riesiges Relief des Mandulis bewundern: er wird hier zweimal dargestellt, rechts als König und links als Gottheit. Zur Zeit der großen Rettungsaktion der nubischen Tempel, wurde Kalabsha von Technikern aus der Bundesrepublik Deutschland « übernommen », die ihn in 13.000 Blöcke zerlegten und auf diesem Vorgebirge wiederaufbauten, ein wahrer Wachtposten über den unendlich weiten Nasser-See.

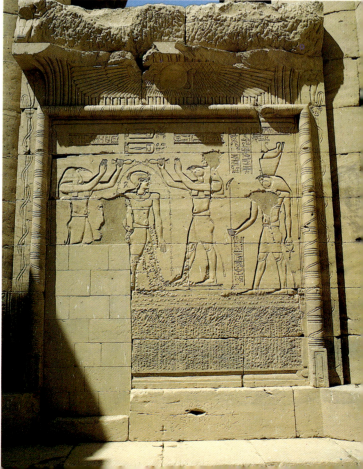

Der kleine Tempel von Kertassi, von oben gesehen und ein Detail der hathorischen Pfeiler.

KERTASSI

Der Tempel von Kertassi wurde auf einer Anhöhe oberhalb des Nils errichtet und war Isis geweiht. Ursprünglich stand er in dem Städtchen Tzitzis. Mit seiner rechtwinkeligen Form, den Säulen mit Kompositkapitellen, die durch Zwischenmauern miteinander verbunden waren und dem großen Portal mit den zwei großen hathorischen Pfeilern, erinnert der Tempel stark an den Pavillon des Trajan in Philae. Von den Architraven, die einmal das nicht mehr erhaltene Dach trugen, ist nur ein einziger mit zahlreichen Inschriften erhalten.

BEIT EL-WALI

Der kleine Felsentempel von Beit el-Wali befindet sich ganz in der Nähe des großen Tempels von Kalabsha. Sein Name bedeutet « Haus des Gouverneurs »; er wurde vom Vizekönig von Kush (Obernubien) für Ramses II. erbaut. Es handelt sich dabei um einen Speos, der in den Berg gegraben wurde und nur aus zwei Räumen besteht: ein langer Vorraum und das Heiligtum, denen ein unbedachter Hof vorgesetzt wurde, dessen Wände mit Reliefs verziert sind, die Kampfszenen aus den siegreichen Feldzügen Ramses II. zum Thema haben: Syrer und Libyer auf der rechten Wand und Äthiopier auf der linken. Der Vorraum, der im 6. Jh. in eine Kirche umgewandelt wurde, hat zwei frühdorische Säulen, die das Dach stützen. Die Reliefs, die wir hier sehen, stellen religiöse Szenen dar und haben ihre ursprünglichen Farben weitgehend beibehalten. Man sieht Ramses II. vor Horus mit einem Falkenkopf und Selkis und nocheinmal den Pharao, der der heiligen Triade Khnum, Satis und Anukis Opfergaben darbringt.

Ein Fresko im Innern zeigt den Pharao, während er einen Feind tötet.

Der Eingang zu dem Felsentempel von Beit el-Wali; an der rechten Wand wird der Sieg von Ramses II. über die Syrer und Libyer dargestellt.

Die farbenprächtigen Häuser des nubischen Dorfes auf der Sehel-Insel.

Einige der zirka 200 Inschriften im Felsen der Sehel-Insel; die bedeutendste ist Nr. 81, auch « Stele der Hungersnot » genannt.

SEHEL-INSEL

Wenige Kilometer von Assuan entfernt flußaufwärts, gelangt man zum ersten Katarakt, ein weites
Gebiet mit sprudelndem Wasser und schäumenden
Wirbeln, zwischen unzähligen Felsen und kleinen
Inseln. Von oben gesehen wirkt der Katarakt tat-
sächlich wie ein Chaos kurz vor dem Ausbruch. An
dieser Stelle mußte der Verkehr auf dem Fluß unterbrochen werden; die Schiffe luden ihre Lasten auf
Kamele um —die um die Felsen herumgingen— und
so konnten die Boote, die nun leichter waren, zwischen den schmalen Durchlässen der Inseln hin-
durchfahren. Pharao Sesostris III. hatte zur Zeit
der XII. Dynastie einen Kanal parallel zum Fluß
ausheben lassen, der es den Schiffen ermöglichte,
auch Länder jenseits von Nubien zu erreichen.
Reisende, Soldaten, Kaufleute: jeder verewigte sich
hier, wie die unzähligen Inschriften, die die schwarzen Granitfelsen der Sehel-Insel bedecken beweisen.
Die Insel war Anukis geweiht, die in Frauengestalt
und mit Federn auf dem Haupt dargestellt war; ihr
war ein heute nicht mehr existenter Tempel geweiht.

Nur die Überreste von zwei Tempeln sind erhalten,
der eine aus der Zeit von Amon-Ofis II. (XVIII. Dynastie) und ein anderer aus der Zeit von Ptolemaios
IV. Philopator. Die zirka 200 Inschriften, die man
auf der Insel fand, umfassen eine Zeitspanne von
der VI. Dynastie bis zur ptolemäischen Zeit. Die interessanteste ist mit Nr. 81 gekennzeichnet; sie wird
« Stele der Hungersnot » genannt und stammt aus
der ptolemäischen Epoche. Sie berichtet von einer
schrecklichen Hungersnot, die Ägypten seit sieben
Jahren heimsuchte und davon, wie der Pharao Zoser dem Gott Khnum einen Tempel errichtete, aus
Dank dafür, daß er endlich die Überschwemmung
geschickt hatte. Aufgrund der Inschrift dieser Stele
war es möglich, Zoser als Erbauer der Stufenpyra-
mide von Sakkara zu identifizieren.
Nach der Besichtigung der Inschriften empfehlen
wir eine kleine Erfrischungspause in einem nubischen Haus: Die Räume sind angenehm kühl und eine Tasse Pfefferminztee tut nach den Anstrengun-
gen des Ausflugs sicher gut.

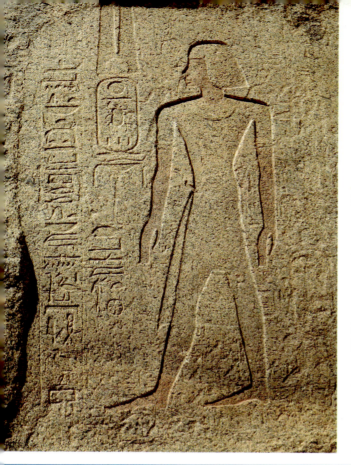

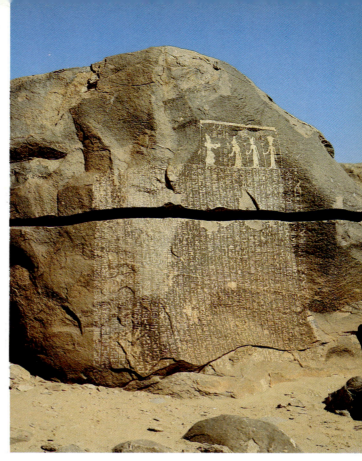

Ein Blick von oben auf die kleine Insel Agilkia, auf der die Tempelanlage von Philae wiederaufgebaut wurde.

Die linke Seite des Isis-Tempels mit dem ersten und zweiten Pylon und unten, der Pavillon des Trajan auf dem gegenüberliegenden Teil der Insel.

PHILAE

Geschichte

Vor einer eindrucksvollen Kulisse aus Granitfelsen, strecken sich die Säulen und Pfeiler der heiligen Insel, Kultort der Göttin Isis, in den blauen Himmel, und versetzen den Besucher in eine Atmosphäre, die so nur in der Phantasie existieren kann. Der Tempel von Philae ist zusammen mit denen von Edfu und Dendera einer der besterhaltenen ptolemäischen Tempel.
Philae war die größte der drei Inseln, mit denen die Felsgruppe im Süden den ersten Katarakt abschloß; zirka 400 Meter lang und 135 Meter breit. Bereits der Name von Philae macht uns die besondere geographische Lage deutlich: « Pilak », wie die Insel in alten Schriften genannt wurde, bedeutet « Insel der Ecke » oder « Insel des äußersten Endes ». Philae lag ursprünglich am östlichen Nilufer, in der Ecke einer kleinen Bucht und auch am südlichen Ende des ersten Katarakts. Von den beiden übrigen Inseln

war Biga ganz besonders heilig (heute teilweise überschwemmt), denn sie war der Ort des ewigen Schlafs von Osiris und deshalb war der Zutritt jedem menschlichen Wesen verboten. Nur die Priester hatten die Erlaubnis; sie kamen in Booten aus Philae, um ihre religiösen Riten auf den 360 Opfertischen zu feiern, die an der Grabstätte von Osiris standen. Seiner Frau Isis, die ihn mit der Kraft ihrer Liebe wieder zum Leben erweckt hatte, waren die Tempel auf Philae geweiht. Der Isis-Kult auf dieser Insel geht auf die früheste Antike zurück; und der Tradition gemäß pilgerten die Ägypter mindestens einmal im Jahr zur heiligen Insel. Die Priester dieses Kultes mußten erst im Jahr 535, unter Justinian die Insel verlassen. Die dritte Insel heißt Agilkia; hier können wir heute den gesammten Komplex der Tempel bewundern, die ursprünglich auf Philae standen, das kaum 500 Meter entfernt liegt.
Bis 1898 war die heilige Insel das ganze Jahr oberhalb der Wasserfläche. Mit dem Bau des Alten

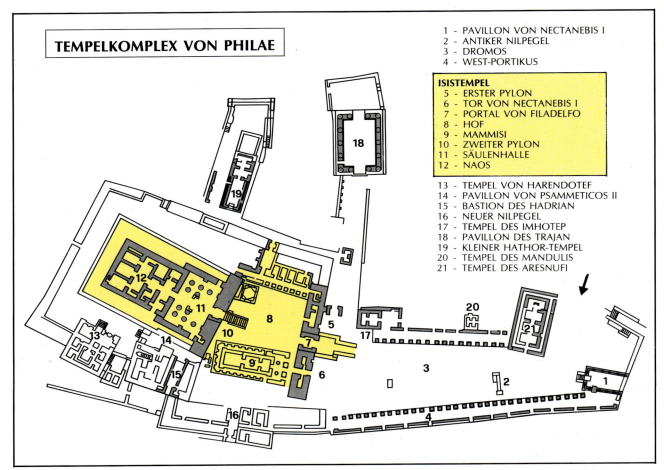

TEMPELKOMPLEX VON PHILAE

1 - PAVILLON VON NECTANEBIS I
2 - ANTIKER NILPEGEL
3 - DROMOS
4 - WEST-PORTIKUS

13 - TEMPEL VON HARENDOTEF
14 - PAVILLON VON PSAMMETICOS II
15 - BASTION DES HADRIAN
16 - NEUER NILPEGEL
17 - TEMPEL DES IMHOTEP
18 - PAVILLON DES TRAJAN
19 - KLEINER HATHOR-TEMPEL
20 - TEMPEL DES MANDULIS
21 - TEMPEL DES ARESNUFI

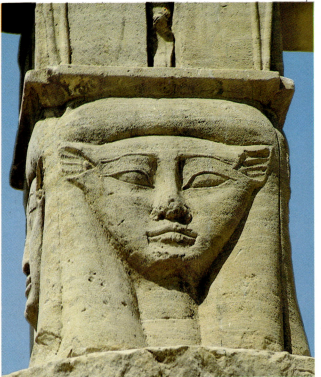

Zwei Bilder des Pavillons von Nectanebis I. mit den glockenförmigen Säulen und hathorischen Kapitellen.

Damms wurde sie zehn Monate lang vom Wasser des künstlichen Sees überspült. Nur im August und September, wenn man die Schleusen des Damms öffnete, um einen zu starken Druck des Hochwassers zu vermeiden, tauchte die Insel aus dem Wasser auf und konnte besichtigt werden. Die Errichtung des Großen Damms stellte Philae vor ein neues Problem: die heilige Insel hätte sich in einer Art geschlossenem Becken befunden, in dem das Wasser — nicht mehr zwanzig sondern nur noch vier Meter hoch — ständig zu-und abgeflossen wäre. Diese Strömung hätte mit der Zeit unweigerlich die Fundamente der Tempel ausgewaschen, die dann früher oder später zusammengestürzt wären. Deshalb wurden sie von 1972 bis 1980 abgebaut und auf dieser Insel, unter Berücksichtigung der Topographie von Philae, an einem höheren Standort wieder aufgebaut. Der Tempelkomplex umfaßt den Pavillon des Nectanebis, den großen Tempel der Isis mit angrenzenden Gebäuden, den hübschen Pavillon des Trajan und das kleine Hathor-Tempelchen.

Der große Dromos,
der am Ende mit
dem ersten
Pylon des Isis-
Tempels abschließt
und dasselbe Motiv,
auf einem Bild von
David Roberts. Von
dem selben Künstler
ist auch die Ansicht
der Insel Philae auf
dem Foto links.

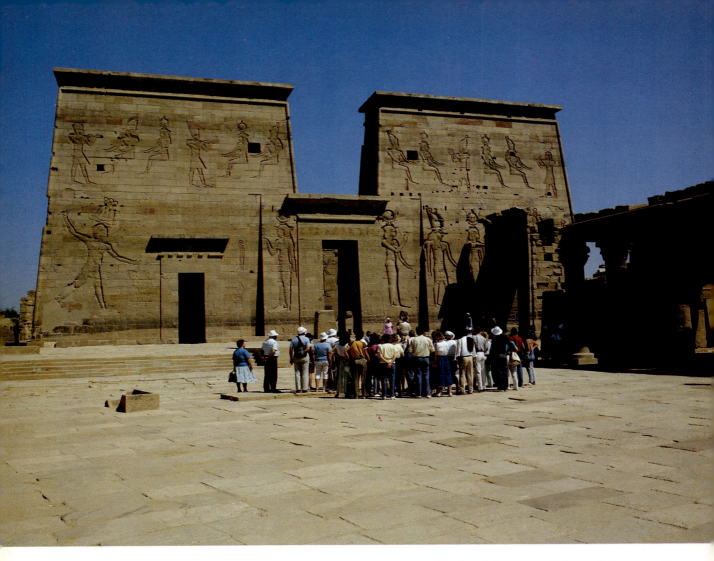

Eine Gesamtansicht des ersten Pylons
des Isis-Tempels.

Ein Detail des ersten Pylons mit den gewaltigen
Darstellungen von Isis und Horus.

Besichtigung

Im äußersten Süd-Westen der Insel befindet sich die Anlegestelle, wo die Boote, die die Besucher von Philae transportieren festmachen. Das erste Gebäude, das wir finden, ist der **Pavillon des Nectanebis I.**, ein rechteckiger Portikus mit 14 glockenförmigen Säulen und Kapitellen des Hathor-Typs: hier hat das breite Antlitz der Göttin auch die Ohren einer Kuh (eine sehr übliche Darstellung in allen Kapitellen der späteren Epoche), so daß gleichzeitig das Sistrum dargestellt wird, das Isis bevorzugtes Musikinstrument und auch gleichzeitig Symbol für Ihi, den Sohn Hathors war. Da der Tempel auf das 4. Jh. v.Chr. zurückgeht, ist er der älteste des Komplexes. Vor dem Tempel öffnet sich der große **Dromos** mit zwei Säulenhallen an den Seiten; die rechte da-

von blieb unvollendet. Die linke hingegen besteht aus 32 Säulen mit Resten von Verzierungen an der Decke und Opferszenen auf den Säulen und an der hinteren Wand. Die Kapitelle haben die Form von Pflanzen und jedes unterscheidet sich von dem anderen.

Die Gesamtperspektive schließt eindrucksvoll mit dem **Isis-Tempel** mit dem monumentalen *ersten Pylon* ab. Er ist 18 Meter hoch, 45,5 Meter breit und besteht aus zwei massiven Türmen, auf beiden Seiten des Portals. Im rechten Turm greift Pharao Ptolomaios XII. Neo Dionysos, auf übliche Art, den Schopf der Gefangenen, die er den Gottheiten Isis, Horus und Hathor opfern will. Im linken Turm, dessen Reliefs nicht so gut erhalten sind, wie die des rechten Turms, sehen wir wiederum den Pharao, diesmal mit einem Stock bewaffnet, wie er gerade

die feindlichen Gefangenen töten will. Wir gehen zwischen den beiden Pylonen, unter dem Portal hindurch, das Nectanebis I. schuf und von dem noch die Friese zu sehen sind: Auf der rechten Seite erinnert ein Relief an den französischen Sieg über die Mamelucken im « an VII de la République » (1799). Wir befinden uns jetzt im Hof des Tempels, dessen hintere Seite der zweite Pylon ist. Die rechte Seite ist ein Gebäude mit Portikus und verschiedenen Nebengelassen für Kultzwecke und der linke Teil wird von einem eleganten « *mammisi* » gebildet. Letzterer ist ein Peripteralgebäude (auf vier Seiten umgeben von Säulen mit Kapitellen, die mit hathorischen Sistren versehen sind), bestehend aus drei Räumen, vor die ein Pronaos gesetzt wurde. Im « mammisi » wurde die Göttin Isis zusammen mit ihrem Sohn Horus verehrt, dessen Geburt, Kindheit und Erziehung in feinen Verzierungen dargestellt sind. Oben an der Außenfassade sieht man die Reproduktion der Schrift von der Stele aus Rosette, aufgrund der man die Hieroglyphenschrift entzif-

Noch eine Verzierung des Pylons mit dem Pharao, der die Götter Isis und Horus verehrt.

Der Pharao, während er die Gefangenen beim Schopf packt und schlägt.

Gesamtansicht und Detail des sogenannten Tor des Ptolemaios am ersten Pylon.

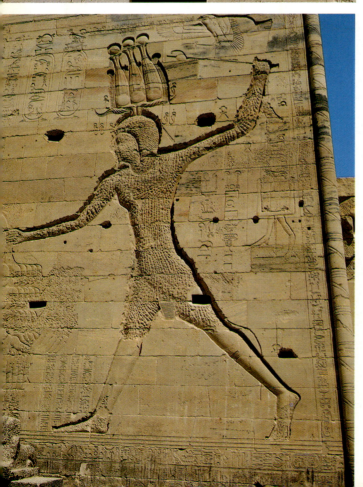

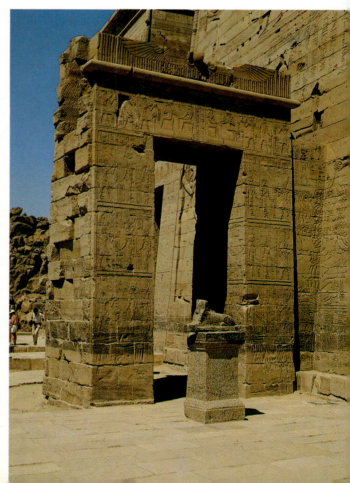

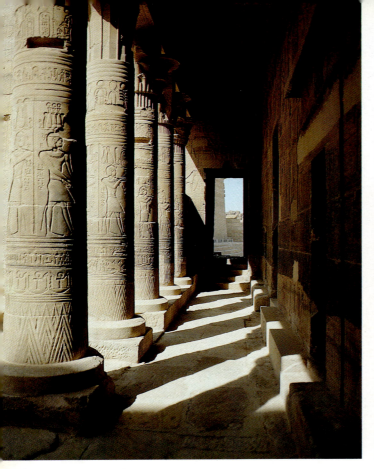

Der erste Hof des Isis-Tempels; die innere
Säulenreihe und ein Bild des zweiten Pylons.

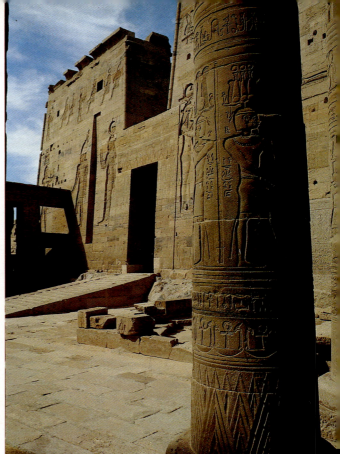

Der zweite Pylon mit den üblichen Darstellungen
des Pharaos vor den Göttern Isis und Horus.

Der Granitblock am rechten Tor des zweiten Pylon.

fern konnte. Der *zweite Pylon* ist mit seinen 22 Metern Höhe und 32 Metern Breite höher als der Erste und nicht genau parallel zu ihm. Auch an seiner Fassade sehen wir die übliche Darstellung des Pharaos Ptolemaios XII. Neo Dionysos, der die Gefangenen vor den Göttern tötet. Rechts, erinnert ein großer Granitblock an das Land, das Ptolemaios VI. dem Tempel schenkte. Wenige Stufen führen zu der gedeckten *Säulenhalle*, mit zehn Säulen, die mit mehrfarbigen Blumenkapitellen versehen sind. An der Decke sieht man Spuren von Malereien: die Symbole Ober— und Unterägyptens, Sonnenboote, astronomische Symbole. Die zahlreichen koptischen Kreuze, die in die Wände geritzt sind beweisen, daß der Pronaos im 6. Jh., zur Zeit von Bischof Theodorus in eine christliche Kirche umgewandelt wurde. Von hier aus gelangt man in den Naos, der aus zwölf Räumen und einer Krypta besteht; alle sind mit liturgischen Szenen ausgeschmückt. Dann gelangte man in das Heiligtum, wo sich das Boot mit dem Abbild der Göttin befand. Über eine Treppe gelangt man auf eine Terrasse zur Bestattungskapelle von Osiris, bestehend aus einem Vestibül und einem Raum. Die Verzierungen hier geben den osirischen Zyklus wieder, mit dem Tod, der Bestattung, den wundersamen Riten und der Wiederauferstehung des Gottes. Auch wenn der Großteil der Dekorationen in Philae sich an heiligen Bräuchen und Opfern für die Götter inspiriert, so gibt es eine Darstellung, die aufgrund ihrer Originalität und der Ausgefallenheit des Themas wegen besonders erwähnenswert ist. Sie befindet sich an dem sogenannten Tor oder der **Bastion Hadrians**, einer Ädikula, die auf die Zeit der Antonier zurückgeht, im Westflügel des Isis-Tempels, auf der Höhe des zweiten Pylons. Im Innern des Tors, an der Nordwand, zeigt ein Relief, wie sich die antiken Ägypter die Nilquelle vorstellten. Man sieht Hapis, mit menschlichen Zügen, jedoch als Hermaphrodit, die Vergöttlichung des oberen und unteren Nils. Der Gott wird in einer Höhle dargestellt, um die sich eine Schlange windet. Er hält zwei Gefäße in den Händen, aus de-

nen Wasser hervorquillt. Die Ägypter meinten nämlich, die Quelle des Nils befände sich beim ersten Katarakt, in der Nähe des Berges Mu-Hapi (« Wasser des Hapi ») . Die alljährlichen Feierlichkeiten zu Ehren des Gottes wurden vom Pharao selbst zelebriert und begannen Mitte Juni, wenn der Stern Sotis das erste Hochwasser auslöste.

An der gegenüberliegenden Seite, also rechterhand des Isis-Tempels, befindet sich ein weiteres Meisterwerk dieses großen ptolemäischen Gebäudekomplexes von Philae: der **Pavillon des Trajan**. Er ist zum Fluß hin ausgerichtet, sehr elegant und gut proportioniert; mit der Zeit wurde er so etwas wie ein Wahrzeichen der ganzen Insel. Ursprünglich legte hier das heilige Boot mit der Statue der Isis während der prächtigen Flußprozession an. Der rechteckige Pavillon wurde von Kaiser Trajan wieder aufgebaut und besteht aus 14 Säulen mit glockenförmigen Kapitellen, verbunden durch Zwischenmauern, von denen zwei mit Szenen versehen sind, die Trajan darstellen, wie er Isis, Osiris und Horus Gaben darbringt.

Jenseits des Pavillons befindet sich der **kleine**

Eine Ecke der Säulenhalle; die sogenannte Pforte des Hadrian und ein Detail der Reliefs im Innern.

Das Innere des Hofs in einem Gemälde von David Roberts.

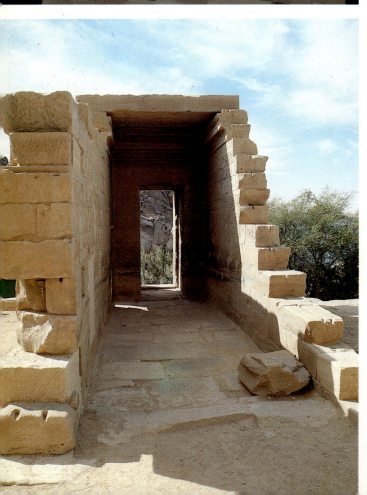

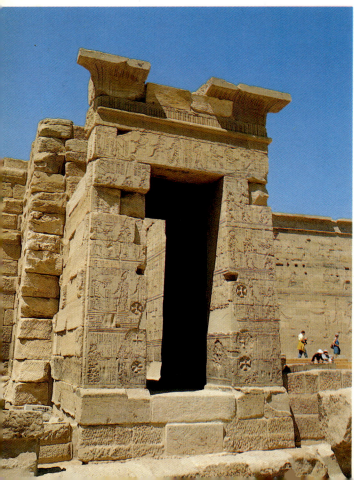

Die rechte Seite des Isis-Tempels mit dem Gang des Tiberius und ein Detail der Pforte.

Ein Detail der Verzierung des kleinen Hathor-Tempels mit der Darstellung eines musizierenden Affen.

Der elegante Pavillon des Trajan mit den 14 glockenförmigen Säulen.

Hathor-Tempel, der von Ptolemaios VI. Philometor und Evergetes II. errichtet, aber später von Augustus ausgeschmückt wurde. Einige Reliefs sind ausgesprochen bemerkenswert und zeigen, unter anderem, einen Priester, der auf einer Doppelflöte spielt und einige Affen, die tanzen, während einer von ihnen die Laute spielt.

Philae ist der Inbegriff der Verbindung von ägyptischer, griechischer und römischer Kultur. Architektur und Zeichnung vermengen sich hier auf geradezu perfekte Weise. Versuchen wir einmal uns vorzustellen, daß sämtliche Kapitelle in strahlenden Farben angemalt waren, bevor sie durch den Bau des Alten Damms ausgewaschen wurden; Blau, Rot, Gelb und Grün sind die Farben der Bilder jener Reisenden, die die Kapitelle noch sahen, bevor sie im Wasser des künstlichen Sees verschwanden. Aber auch wenn sämtliche Farben in Philae verlorengingen, so bleibt es trotzdem jenes Meisterwerk von « Anmut und Ausdruckskraft », wie Amelia Edwards sagte; ein wunderbares Beispiel an Eleganz und Zauber, die « Perle Ägyptens », wie es Pierre Loti beschrieb.

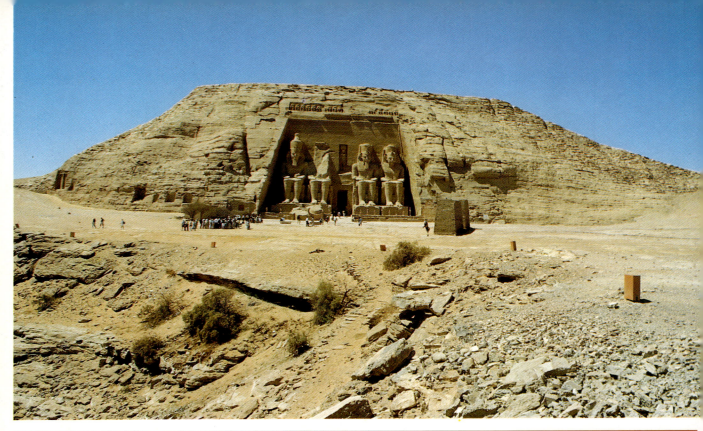

Auf dem Bild unten: Der architektonisce Komplex, so wie ihn David Roberts 1839 sah und malte.

Eine Panorama-Ansicht des Felsenkomplexes von Abu Simbel. Links sieht man den großen Tempel von Ramses II. und links den Hathor-Tempel.

ABU SIMBEL

Geschichte

Zirka 300 Kilometer von Assuan entfernt, im Herzen Nubiens, beinahe schon an der Grenze zum Sudan, befindet sich das großartigste Bauwerk des größten Pharaos aller Zeiten: Abu Simbel, ein Tempel, der ursprünglich der Triade Amon-Ra, Harmakis und Ptah geweiht war, aber praktisch gesehen allein errichtet wurde, um im Laufe der Jahrhunderte seinen Erbauer Ramses II. zu verehren. Abu Simbel ist nicht nur einer der schönsten Tempel Ägyptens (sicherlich ist er der ausgefallenste und mächtigste) sondern auch das Symbol der enormen Rettungsaktion der 14 nubischen Tempel vor dem Wasser des Nasser-Sees. Über lange Zeit vergessen, gelangte Ybsambul —so nannte man ihn— erst im letzten Jahrhundert ans Licht, als der Schweizer Johann Ludwig Burckhardt, am 22. Mai 1813 fast zufällig sah, wie sich, beinahe durch Zauberhand, die oberen Hälften von vier riesigen Steinfiguren aus dem Sand erhoben. Am 1. August 1817 befreite der Italiener Giovanni Battista Belzoni den oberen Teil eines Tors vom Sand und fand den Eingang ins Innere. Nach ihm folgten Hunderte von Reisenden, Forschern, Archäologen und Touristen, um das nun endlich freigelegte architektonische Meisterwerk von Ramses II. zu bewundern. Die Gefahr der Überschwemmung durch den Nasser-See erregte weltweit Aufsehen. Auch wenn Abu Simbel der schönste und prächtigste der nubischen Tempel war, so war er aufgrund seines Baumaterials, seines Standorts und seiner Anlage selbst auch am schwierigsten zu retten. Und doch gelang es auch in diesem Fall, mit Hilfe von starkem Willen zusammen mit den Wundern der Technik (wie wir später sehen werden), den Tempel zu retten. Eine der faszinierendsten Ab— und Wiederaufbauarbeiten der Archäologie überhaupt, die dieses Kunstwerk über Jahrhunderte erhalten.

71

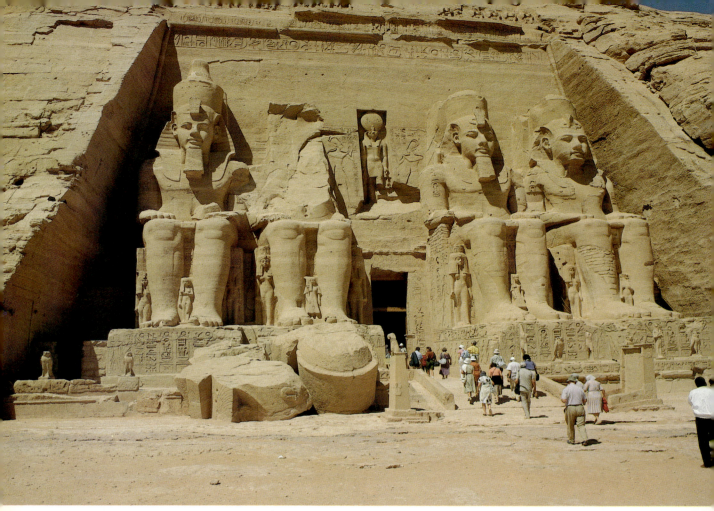

Die vier Kolosse von Ramses II. und ein Detail der
beiden rechten Statuen: auf den Beinen
bemerkt man die Inschriften der Reisenden des 19.
Jh. Von S. 74 bis S. 77: vier Einzelheiten der
Statuen von Ramses II.

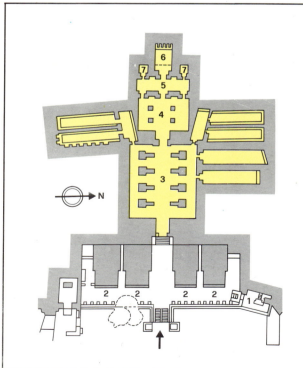

DER GROSSE TEMPEL VON ABU SIMBEL

1 - SONNENHEILIGTUM
2 - STATUE VON RAMSES II
3 - PRONAOS
4 - SÄULENHALLE
5 - VORHALLE
6 - HEILIGSTES
7 - KAPELLE

Ein Detail des Basaments der
Fassade: in der Mitte sieht man den
Fries der Könige.

Als der Sand die Kolosse nur zur
Hälfte bedeckte, hinterließen die
Reisenden von einst gerne ihre
Unterschrift auf dem weichen Stein
der Fassade.

Besichtigung

Der Felsentempel von Abu Simbel ist nichts anderes, als die Übertragung auf den Felsen, der Architektur-elemente eines sogenannten ägyptischen Allerheiligsten-Tempels.

Die Fassade, die in den Berg gehauen wurde, ist 38 Meter lang, 31 Meter hoch und wird von einem konvexen Gesims umgeben, das « Torus » genannt wird. Die Fassade wird mit einer Kehlung mit Ur-äusschlangen bekrönt, über der ein Fries mit 22 sitzenden Hamadryaden verläuft; jeder von ihnen ist zweieinhalb Meter groß. Unter dem Torus befindet sich eine Reihe von Inschriften in Hieroglyphen, als Widmungen gedacht, und weiter unten, in einer Nische, mitten auf der Fassade, das große Hochrelief des Ra-Harakhti mit Sperberkopf und zwei Flachreliefs von Ramses II. an den Seiten.

Die tragenden Säulen der Fassade sind vier kolossale **Statuen von dem sitzenden Ramses II.** Perfekt in ihren Ausmaßen, geben sie die königlichen Züge des Herrschers wieder. Sie sind 20 Meter hoch, der Abstand zwischen den Ohren beträgt mehr als vier Meter und die Lippenlinie, in einem verhaltenen, ruhigen Lächeln, ist mehr als einen Meter lang. Der Pharao stützt die Hände auf die Oberschenkel, trägt die doppelte Krone auf dem Kopf und den schweren

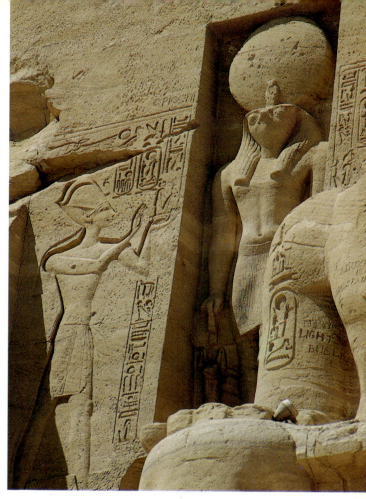

Die Statue von Ra-Harakhti mit dem Sperberkopf und der Fries mit den 22 sitzenden Hamadryaden.

Eine kleine Stele mit Widmungen steht vor dem Eingang zum Großen Tempel.

Das Basament der Terrasse ist mit Reliefs verziert, die Neger und Asiaten darstellen, die Ramses II. gefangengenommen hatte.

Einer der Wächter des Großen Tempels hält den großen « ankh » —förmigen Schlüssel in der Hand.

Asiatische Gefangene auf dem Basament der Sitze; darüber: die Statue der Nefertari an ein Bein ihres Mannes Ramses gelehnt.

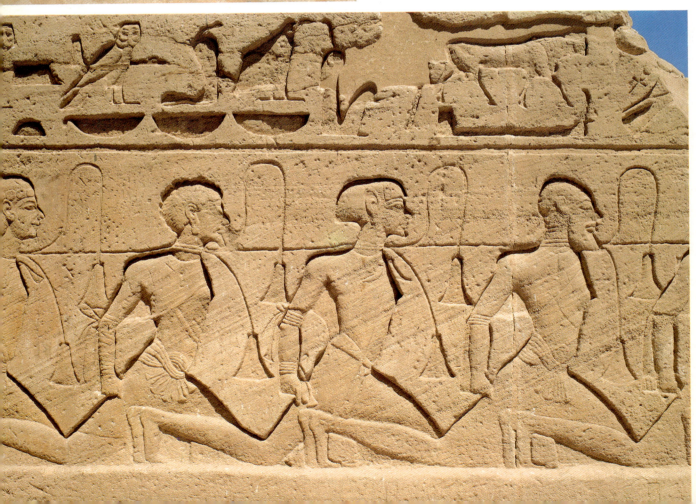

« nemes » an beiden Seiten. Die zweite Statue ist unvollständig, ein Teil des Kopfes und des Torso liegen auf dem Boden. Seitlich und zwischen den Beinen der Kolosse finden wir weitere Figuren, die Mitglieder der Königsfamilie darstellen; darunter die Töchter (und ebenfalls seine Ehefrauen) Nebet-Taui und Bent-Anat, die Mutter Tuya, die Ehefrau Nefertari, der Sohn Amon-her-Kopechef, die andere Tochter und ebenfalls Ehehfrau Merit-Amon. Am Sockel und an den Seiten der Sitze sehen wir Darstellungen von Gefangenen, Schwarzen und Asiaten.

An dieser monumentalen Fassade arbeitete « eine Vielzahl von Arbeitern, die durch sein Schwert in Gefangenschaft geraten waren » unter der Aufsicht des Oberbildhauers Pyay; so lesen wir im Innern des Tempels. Nach den Bildhauern waren die Maler an der Reihe; zur Zeit von Ramses muß die Farbpalette für den Tempel sehr reichhaltig gewesen sein.

Vom grellen Tageslicht begeben wir uns ins Innere, wo uns das Halbdunkel mit einer magischen, eindrucksvollen Atmosphäre erwartet. Der **Pronaos** ist ein großer Saal von 18 Metern Länge und 16,70 Me-

tern Breite. Er wird von acht osirischen Pfeilern getragen, die in zwei Reihen angeordnet sind und Osiris mit den Zügen von Ramses abbilden. Die linken Kolosse tragen die weiße Krone Oberägyptens, die rechten hingegen die doppelte Krone, oder « Pschent ». Die vor der Brust verschränkten Arme halten das Zepter und die Geißel. Die Decke des Mittelteils ist mit dem großen Geier der Göttin Nekhbet, der Schutzherrin Oberägyptens ausgeschmückt, der rechte Teil mit einem Sternenhimmel.

Die Wände spiegeln mit ihren prächtigen Verzierungen den militärischen Ruhm Ramses II. wider. Die interessanteste davon befindet sich an der Nordwand, wo wir die verschiedenen Phasen der Schlacht von Kadesh ablesen, die den Abschluß des Feldzugs gegen die Hettiter im Jahre V der Herrschaft des Pharaos bildete. Das lange, epische Gedicht, das der Hofdichter Pentaur verfaßte, ist in Hieroglyphen nicht nur hier, sondern auch an den Wänden anderer Tempel, zum Beispiel in Luxor und Karnak zu finden.

Blick auf den Pronaos mit den acht osirischen
Pfeilern und dem Heiligtum im Hintergrund.

Das Innere des Großen Tempels, auf einem
Gemälde von David Roberts.

Ein Detail der osirischen Pfeiler.

Auf den folgenden Seiten: zwei Fresken des
Pharaos mit verschiedenen Gottheiten, darunter der
Gott Min; Letzterer ist ithyphallisch abgebildet, das
Haupt verziert mit zwei langen Federn; der erhobene
Arm hält eine Geißel.

Vom Pronaos gelangt man in einen Saal, der von vier quadratischen Pfeilern gestützt wird, die wiederum mit Abbildungen des Pharaos vor den verschiedenen Göttern versehen sind. Auch die Wände zieren liturgische Szenen, darunter der Transport des heiligen Bootes. 65 Meter von der Tür entfernt, im Innersten des Berges, gelangt man schließlich in das **Allerheiligste**, den innersten und verborgensten Teil des Tempels, einen kleinen Raum von vier mal sieben Metern. Hier steht die Statue des vergöttlichten Ramses II., sitzend, zusammen mit der Triade Ptah, Amon-Ra und Harmakhis. Angesichts dieser Satuen bemerkte man, daß dieser Tempel nach einem genau vorher festgelegten Bauplan errichtet worden war und einige Forscher, allen voran François Champollion hatten das sogenannte « Sonnenwunder » beobachtet. Zweimal im Jahr, bei der Sonnenwende, durchdringt bei Sonnenaufgang die Sonne die Ge-

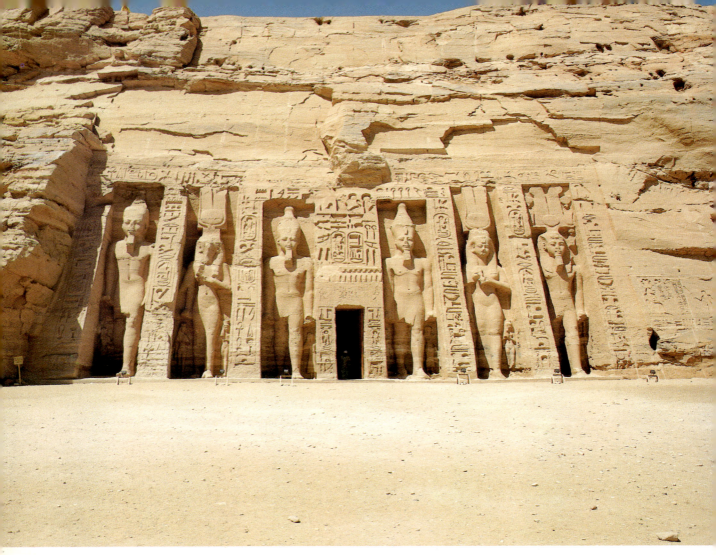

Die Fassade des Kleinen Tempels von Abu Simbel, oder Hathor-Tempel, der Nefertari gewidmet ist.

Detail des Eingangs zum Tempel mit den zwei großen Statuen von Ramses an den Seiten.

samtlänge des Tempels und beleuchtet die Statuen von Amon, Harmakhis und des Pharaos; nach zirka zwanzig Minuten verschwindet die Sonne wieder. Besonders auffällig ist, daß Ptah nie von den Strahlen getroffen wird, er ist nämlich der Gott der Dunkelheit.

An den Seiten befinden sich weitere acht kleine Räume, in denen die Abgaben der Nubier aufbewahrt wurden.

Abu Simbel bedeutet aber nicht nur die Glorifizie-rung von Ramses II. Verläßt man den Tempel und geht nach rechts, so gelangt man zum **Hathor-Tempel**, den der Pharao für Nefertari errichten ließ; auch wenn sie nicht seine einzige Frau war, so war sie doch sicherlich die, die er am meisten liebte. Noch nie war in Ägypten die Frau eines Pharaos abgebildet worden, gleichgroß wie die Statue ihres Mannes neben ihr. Für sie, die Große Königliche Ehefrau, Nefertari-mery-en-Mut (« die von Mut geliebte ») ließ Ramses diesen Tempel « aus feinem, weißen, fe-

Das schlichte Innere des Hathor-Tempels und ein Detail eines der sechs hathorischen Pfeiler mit dem Kopf der Göttin, oberhalb einiger Szenen aus dem Leben des Königs und der Königin.

sten Stein » in kleinen, überaus harmonischen Proportionen in den Felsen hauen. Die sechs, zehn Meter hohen Statuen, mit leicht vorgestelltem linken Bein, scheinen leibhaftig aus dem Fels hervorzutreten und zum Licht zu gehen. Nefertari ist hier als Hathor, mit den Hörnern der heiligen Kuh, der Sonnenscheibe und zwei Federn abgebildet. Die göttliche Weihe von Nefertari wird auch im schlichten **Innern** fortgesetzt, einem fast quadratischen Pronaos mit sechs hathorischen Pfeilern in zwei Reihen. Unter dem Kopf der Göttin sind Begebenheiten aus dem Leben von Nefertari und Ramses eingemeißelt. Auch die Wände dieses Raums sind verziert; sie zeigen die üblichen Szenen, in denen der kriegerische König die Gefangenen opfert und tötet. Von hier aus gelangt man in den Vorraum und dahinter in das Heiligtum, in dem der Pharao die Göttin Hathor ehrt, die mit seiner Frau identisch ist. Die Göttin, die als heilige Kuh zwischen zwei Pfeilern dargestellt wird, scheint sehr effektvoll aus dem Fels herauszukommen.

In diesem kleinen Tempel kann man nur einen überaus menschlichen und zärtlichen Akt der Liebe des großen Pharaos für seine Frau sehen.

Das Äußere der beiden künstlichen Hügel, an denen die Tempel von Abu Simbel wieder aufgebaut wurden; und ein Teil der Innenseite der Kuppel aus Stahlbeton des Tempels von Abu Simbel.

Die Rettung der Tempel

Viele Jahrhunderte lang bedeuteten die beiden Felsentempel von Abu Simbel, die vom Nil umspült wurden, eine architektonische Herausforderung, der sich zweitausend Jahre später Ingenieure und Techniker aus der ganzen Welt stellen mußten, als der Tempel gerettet werden sollte. Zahlreiche Vorschläge und Pläne zur Erhaltung des Bauwerks wurden eingereicht. Im Juni 1963 wurde dem schwedischen Projekt zugestimmt, das die Abfuhr der gesamten Felsmasse vorsah, die Zerlegung des Tempels in viele Blöcke und den anschließenden Wiederaufbau an ei-

nem höher gelegenen Ort. Zuerst wurden 17.000 Löcher in das Felsgestein gebort, die mit Harz gefüllt wurden, um die Struktur zu festigen; dazu benötigte man 33 Tonnen Harz und ebensoviele Eisenklammern. In der Zwischenzeit stieg das Nilwasser rascher an als vorgesehen und die Zerlegungs- und Transportarbeiten gerieten immer mehr zu einem hektischen Wettlauf mit der Zeit. Man sägte, teilweise sogar von Hand, die Tempel in 1036 Blöcke mit einem durchschnittlichen Gewicht von 30 Tonnen pro Block, zu denen weitere 1112 Felsstücke aus der Umgebung der Tempel kamen. Der erste Block wurde am 12. Mai 1965 aufgeladen und erhielt das Zei-

Mancheiner benutzt auch ein Wasserflugzeug, um nach Abu Simbel zu gelangen und kann so auf den stillen Wassern des Nasser-Sees landen und die Tempel von hier aus in ihrer herrlichen Pracht bewundern.

Zwei ungewöhnliche Aufnahmen, für den, der nach Abu Simbel im Auto durch die nubische Wüste fährt: die Straße ist wie ein gerades Band, das sich am Horizont zu verlieren scheint. Rechts und links vom Asphalt nichts als der gelbe Wüstensand, wo die Sonne bei Höchststand die unvergesslichen Luftspiegelungen verursacht. Die Fahrer halten gern angesichts eines solchen Schauspiels, das für sie nicht ungewöhnlich ist, für den Touristen dafür umso mehr, denn er ist nicht an diese Weiten und Dimensionen gewöhnt, die fast schon etwas Absolutes haben.

chen GA 1A01. 64 Meter oberhalb des alten Standorts wurden die beiden Tempel originalgetreu wiederaufgebaut. Eine einfache Rekonstruierung jedoch war nicht möglich, da das Gewicht des künstlichen Felsens, der darüber gebaut wurde, sie zerstört hätte. Daher fand man eine andere Lösung: Man baute zwei riesige Kuppeln aus Stahlbeton, die den Druck des Berges aufhalten sollten und so die Tempel wie eine riesenhafte Glocke schützen konnten. Das Aufschüttungsmaterial hätte die Kuppeln und der Sand dann die Verbindungsstücke bedeckt. Am 22. September wurde der Felskomplex zum zweiten Mal in seiner Geschichte eingeweiht, während die Wasser des Nils ungehindert in die Höhlen eindringen konnten, in denen die Tempel sich vorher befanden. Und pünktlich, im Februar 1969 wiederholte sich das « Sonnenwunder » und die Sonnenstrahlen erleuchteten wieder die sitzenden Götter im Heiligtum. Ramses II. hatte so der letzten Herausforderung der Jahrhunderte standgehalten; sein Meisterwerk und architektonisches Testament kann trotz allem fortdauern.

INHALT

ISBN 88-7009-240-2